中華人民共和國
香港特別行政區維護國家安全法

U0106792

書　　名	中華人民共和國 香港特別行政區維護國家安全法	
出　　版	三聯書店（香港）有限公司 香港北角英皇道 499 號北角工業大廈 20 樓 Joint Publishing (H.K.) Co., Ltd. 20/F., North Point Industrial Building, 499 King's Road, North Point, Hong Kong	
香港發行	香港聯合書刊物流有限公司 香港新界荃灣德士古道 220-248 號 16 樓	
印　　刷	美雅印刷製本有限公司 香港九龍觀塘榮業街 6 號 4 樓 A 室	
版　　次	2020 年 7 月香港第一版第一次印刷 2024 年 1 月香港第一版第三次印刷	
規　　格	特 16 開（148×210 mm）40 面	
國際書號	ISBN 978-962-04-4693-1	

© 2020 Joint Publishing (H.K.) Co., Ltd

Published & Printed in Hong Kong, China.

中華人民共和國主席令

第四十九號

《中華人民共和國香港特別行政區維護國家安全法》已由中華人民共和國第十三屆全國人民代表大會常務委員會第二十次會議於 2020 年 6 月 30 日通過，現予公佈，自公佈之日起施行。

中華人民共和國主席　習近平

2020 年 6 月 30 日

中華人民共和國
香港特別行政區維護國家安全法

(2020 年 6 月 30 日第十三屆全國人民代表大會

常務委員會第二十次會議通過)

目 錄

第一章　總則

第一條　為堅定不移並全面準確貫徹“一國兩制”、“港人治港”、高度自治的方針，維護國家安全，防範、制止和懲治與香港特別行政區有關的分裂國家、顛覆國家政權、組織實施恐怖活動和勾結外國或者境外勢力危害國家安全等犯罪，保持香港特別行政區的繁榮和穩定，保障香港特別行政區居民的合法權益，根據中華人民共和國憲法、中華人民共和國香港特別行政區基本法和全國人民代表大會關於建立健全香港特別行政區維護國家安全的法律制度和執行機制的決定，制定本法。

第二條　關於香港特別行政區法律地位的香港特別行政區基本法第一條和第十二條規定是香港特別行政區基本法的根本性條款。香港特別行政區任何機構、組織和個人行使權利和自由，不得違背香港特別行政區基本法第一條和第十二條的規定。

第三條 中央人民政府對香港特別行政區有關的國家安全事務負有根本責任。

香港特別行政區負有維護國家安全的憲制責任，應當履行維護國家安全的職責。

香港特別行政區行政機關、立法機關、司法機關應當依據本法和其他有關法律規定有效防範、制止和懲治危害國家安全的行為和活動。

第四條 香港特別行政區維護國家安全應當尊重和保障人權，依法保護香港特別行政區居民根據香港特別行政區基本法和《公民權利和政治權利國際公約》、《經濟、社會與文化權利的國際公約》適用於香港的有關規定享有的包括言論、新聞、出版的自由，結社、集會、遊行、示威的自由在內的權利和自由。

第五條 防範、制止和懲治危害國家安全犯罪，應當堅持法治原則。法律規定為犯罪行為的，依照法律定罪處刑；法律沒有規定為犯罪行為的，不得定罪處刑。

任何人未經司法機關判罪之前均假定無罪。保障犯罪嫌疑人、被告人和其他訴訟參與人依法享有的辯護權和其他訴訟權利。任何人已經司法程序被最終確定有罪或者宣告無罪的，不得就同一行為再予審判或者懲罰。

第六條 維護國家主權、統一和領土完整是包括香港同胞在內的全中國人民的共同義務。

在香港特別行政區的任何機構、組織和個人都應當遵守本法和香港特別行政區有關維護國家安全的其他法律，不得從事危害國家安全的行為和活動。

香港特別行政區居民在參選或者就任公職時應當依法簽署文件確認或者宣誓擁護中華人民共和國香港特別行政區基本法，效忠中華人民共和國香港特別行政區。

第二章　香港特別行政區維護國家安全的職責和機構

第一節　職責

第七條　香港特別行政區應當儘早完成香港特別行政區基本法規定的維護國家安全立法，完善相關法律。

第八條　香港特別行政區執法、司法機關應當切實執行本法和香港特別行政區現行法律有關防範、制止和懲治危害國家安全行為和活動的規定，有效維護國家安全。

第九條　香港特別行政區應當加強維護國家安全和防範恐怖活動的工作。對學校、社會團體、媒體、網絡等涉及國家安全的事宜，香港特別行政區政府應當採取必要措施，加強宣傳、指導、監督和管理。

第十條　香港特別行政區應當通過學校、社會團體、媒體、網絡等開展國家安全教育，提高香港特別行政區居民的國家安全意識和守法意識。

第十一條　香港特別行政區行政長官應當就香港特別行政區維護國家安全事務向中央人民政府負責，並就香港特別行政區履行維護國家安全職責的情況提交年度報告。

如中央人民政府提出要求，行政長官應當就維護國家安全特定事項及時提交報告。

第二節　機構

第十二條　香港特別行政區設立維護國家安全委員會，負責香港特別行政區維護國家安全事務，承擔維護國家安全的主要責任，並接受中央人民政府的監督和問責。

第十三條 香港特別行政區維護國家安全委員會由行政長官擔任主席，成員包括政務司長、財政司長、律政司長、保安局局長、警務處處長、本法第十六條規定的警務處維護國家安全部門的負責人、入境事務處處長、海關關長和行政長官辦公室主任。

香港特別行政區維護國家安全委員會下設秘書處，由秘書長領導。秘書長由行政長官提名，報中央人民政府任命。

第十四條 香港特別行政區維護國家安全委員會的職責為：

（一）分析研判香港特別行政區維護國家安全形勢，規劃有關工作，制定香港特別行政區維護國家安全政策；

（二）推進香港特別行政區維護國家安全的法律制度和執行機制建設；

（三）協調香港特別行政區維護國家安全的重點工作和重大行動。

香港特別行政區維護國家安全委員會的工作不受香港特別行政區任何其他機構、組織和個人的干涉，工作信息不予公開。香港特別行政區維護國家安全委員會作出的決定不受司法覆核。

第十五條　香港特別行政區維護國家安全委員會設立國家安全事務顧問，由中央人民政府指派，就香港特別行政區維護國家安全委員會履行職責相關事務提供意見。國家安全事務顧問列席香港特別行政區維護國家安全委員會會議。

第十六條　香港特別行政區政府警務處設立維護國家安全的部門，配備執法力量。

警務處維護國家安全部門負責人由行政長官任命，行政長官任命前須書面徵求本法第四十八條規定的機構的意見。警務處維護國家安全部門負責人在就職時應當宣誓擁護中華人民共和國香港特別行政區基本法，效忠中華人民共和國香港特別行政區，遵守法律，保守秘密。

警務處維護國家安全部門可以從香港特別行政區

以外聘請合格的專門人員和技術人員，協助執行維護國家安全相關任務。

第十七條　警務處維護國家安全部門的職責為：

（一）收集分析涉及國家安全的情報信息；

（二）部署、協調、推進維護國家安全的措施和行動；

（三）調查危害國家安全犯罪案件；

（四）進行反干預調查和開展國家安全審查；

（五）承辦香港特別行政區維護國家安全委員會交辦的維護國家安全工作；

（六）執行本法所需的其他職責。

第十八條　香港特別行政區律政司設立專門的國家安全犯罪案件檢控部門，負責危害國家安全犯罪案件的檢控工作和其他相關法律事務。該部門檢控官由律政司長徵得香港特別行政區維護國家安全委員會同意後任命。

律政司國家安全犯罪案件檢控部門負責人由行政長官任命，行政長官任命前須書面徵求本法第四十八條規定的機構的意見。律政司國家安全犯罪案件檢控部門負責人在就職時應當宣誓擁護中華人民共和國香港特別行政區基本法，效忠中華人民共和國香港特別行政區，遵守法律，保守秘密。

第十九條　經行政長官批准，香港特別行政區政府財政司長應當從政府一般收入中撥出專門款項支付關於維護國家安全的開支並核准所涉及的人員編制，不受香港特別行政區現行有關法律規定的限制。財政司長須每年就該款項的控制和管理向立法會提交報告。

第三章　罪行和處罰

第一節　分裂國家罪

第二十條　任何人組織、策劃、實施或者參與實施以下旨在分裂國家、破壞國家統一行為之一的，不論是否使用武力或者以武力相威脅，即屬犯罪：

（一）將香港特別行政區或者中華人民共和國其他任何部分從中華人民共和國分離出去；

（二）非法改變香港特別行政區或者中華人民共和國其他任何部分的法律地位；

（三）將香港特別行政區或者中華人民共和國其他任何部分轉歸外國統治。

犯前款罪，對首要分子或者罪行重大的，處無期徒刑或者十年以上有期徒刑；對積極參加的，處三年以上十年以下有期徒刑；對其他參加的，處三年以下有期徒刑、拘役或者管制。

第二十一條　任何人煽動、協助、教唆、以金錢或者其他財物資助他人實施本法第二十條規定的犯罪的，即屬犯罪。情節嚴重的，處五年以上十年以下有期徒刑；情節較輕的，處五年以下有期徒刑、拘役或者管制。

第二節　顛覆國家政權罪

第二十二條　任何人組織、策劃、實施或者參與實施以下以武力、威脅使用武力或者其他非法手段旨在顛覆國家政權行為之一的，即屬犯罪：

（一）推翻、破壞中華人民共和國憲法所確立的中華人民共和國根本制度；

（二）推翻中華人民共和國中央政權機關或者香港

特別行政區政權機關;

（三）嚴重干擾、阻撓、破壞中華人民共和國中央政權機關或者香港特別行政區政權機關依法履行職能;

（四）攻擊、破壞香港特別行政區政權機關履職場所及其設施，致使其無法正常履行職能。

犯前款罪，對首要分子或者罪行重大的，處無期徒刑或者十年以上有期徒刑;對積極參加的，處三年以上十年以下有期徒刑;對其他參加的，處三年以下有期徒刑、拘役或者管制。

第二十三條　任何人煽動、協助、教唆、以金錢或者其他財物資助他人實施本法第二十二條規定的犯罪的，即屬犯罪。情節嚴重的，處五年以上十年以下有期徒刑;情節較輕的，處五年以下有期徒刑、拘役或者管制。

第三節　恐怖活動罪

第二十四條　為脅迫中央人民政府、香港特別行政區政府或者國際組織或者威嚇公眾以圖實現政治主張，組織、策劃、實施、參與實施或者威脅實施以下造成或者意圖造成嚴重社會危害的恐怖活動之一的，即屬犯罪：

（一）針對人的嚴重暴力；

（二）爆炸、縱火或者投放毒害性、放射性、傳染病病原體等物質；

（三）破壞交通工具、交通設施、電力設備、燃氣設備或者其他易燃易爆設備；

（四）嚴重干擾、破壞水、電、燃氣、交通、通訊、網絡等公共服務和管理的電子控制系統；

（五）以其他危險方法嚴重危害公眾健康或者安全。

犯前款罪，致人重傷、死亡或者使公私財產遭受重大損失的，處無期徒刑或者十年以上有期徒刑；其他情形，處三年以上十年以下有期徒刑。

第二十五條　組織、領導恐怖活動組織的，即屬犯罪，處無期徒刑或者十年以上有期徒刑，並處沒收財產；積極參加的，處三年以上十年以下有期徒刑，並處罰金；其他參加的，處三年以下有期徒刑、拘役或者管制，可以並處罰金。

本法所指的恐怖活動組織，是指實施或者意圖實施本法第二十四條規定的恐怖活動罪行或者參與或者協助實施本法第二十四條規定的恐怖活動罪行的組織。

第二十六條　為恐怖活動組織、恐怖活動人員、恐怖活動實施提供培訓、武器、信息、資金、物資、勞務、運輸、技術或者場所等支持、協助、便利，或者製造、非法管有爆炸性、毒害性、放射性、傳染病病原體等物質以及以其他形式準備實施恐怖活動的，即屬犯罪。情節嚴重的，處五年以上十年以下有期徒刑，並處罰金或者沒收財產；其他情形，處五年以下有期徒刑、拘役或者管制，並處罰金。

有前款行為，同時構成其他犯罪的，依照處罰較重的規定定罪處罰。

第二十七條　宣揚恐怖主義、煽動實施恐怖活動的，即屬犯罪。情節嚴重的，處五年以上十年以下有期徒刑，並處罰金或者沒收財產；其他情形，處五年以下有期徒刑、拘役或者管制，並處罰金。

第二十八條　本節規定不影響依據香港特別行政區法律對其他形式的恐怖活動犯罪追究刑事責任並採取凍結財產等措施。

第四節　勾結外國或者境外勢力危害國家安全罪

第二十九條　為外國或者境外機構、組織、人員竊取、刺探、收買、非法提供涉及國家安全的國家秘密或者情報的；請求外國或者境外機構、組織、人員實施，與外國或者境外機構、組織、人員串謀實施，或者直接或者間接接受外國或者境外機構、組織、人員的指使、控制、資助或者其他形式的支援實施以下行為之一的，均屬犯罪：

（一）對中華人民共和國發動戰爭，或者以武力或者武力相威脅，對中華人民共和國主權、統一和領土完整造成嚴重危害；

（二）對香港特別行政區政府或者中央人民政府制定和執行法律、政策進行嚴重阻撓並可能造成嚴重後果；

（三）對香港特別行政區選舉進行操控、破壞並可能造成嚴重後果；

（四）對香港特別行政區或者中華人民共和國進行制裁、封鎖或者採取其他敵對行動；

（五）通過各種非法方式引發香港特別行政區居民對中央人民政府或者香港特別行政區政府的憎恨並可能造成嚴重後果。

犯前款罪，處三年以上十年以下有期徒刑；罪行重大的，處無期徒刑或者十年以上有期徒刑。

本條第一款規定涉及的境外機構、組織、人員，按共同犯罪定罪處刑。

第三十條　為實施本法第二十條、第二十二條規定的犯罪，與外國或者境外機構、組織、人員串謀，或者直接或者間接接受外國或者境外機構、組織、人員的指使、控制、資助或者其他形式的支援的，依照本法第二十條、第二十二條的規定從重處罰。

第五節　其他處罰規定

第三十一條　公司、團體等法人或者非法人組織實施本法規定的犯罪的，對該組織判處罰金。

公司、團體等法人或者非法人組織因犯本法規定的罪行受到刑事處罰的，應責令其暫停運作或者吊銷其執照或者營業許可證。

第三十二條　因實施本法規定的犯罪而獲得的資助、收益、報酬等違法所得以及用於或者意圖用於犯罪的資金和工具，應當予以追繳、沒收。

第三十三條　有以下情形的，對有關犯罪行為人、犯罪嫌疑人、被告人可以從輕、減輕處罰；犯罪較輕的，可以免除處罰：

（一）在犯罪過程中，自動放棄犯罪或者自動有效地防止犯罪結果發生的；

（二）自動投案，如實供述自己的罪行的；

（三）揭發他人犯罪行為，查證屬實，或者提供重要綫索得以偵破其他案件的。

被採取強制措施的犯罪嫌疑人、被告人如實供述執法、司法機關未掌握的本人犯有本法規定的其他罪行的，按前款第二項規定處理。

第三十四條　不具有香港特別行政區永久性居民身份的人實施本法規定的犯罪的，可以獨立適用或者附加適用驅逐出境。

不具有香港特別行政區永久性居民身份的人違反

本法規定，因任何原因不對其追究刑事責任的，也可以驅逐出境。

第三十五條　任何人經法院判決犯危害國家安全罪行的，即喪失作為候選人參加香港特別行政區舉行的立法會、區議會選舉或者出任香港特別行政區任何公職或者行政長官選舉委員會委員的資格；曾經宣誓或者聲明擁護中華人民共和國香港特別行政區基本法、效忠中華人民共和國香港特別行政區的立法會議員、政府官員及公務人員、行政會議成員、法官及其他司法人員、區議員，即時喪失該等職務，並喪失參選或者出任上述職務的資格。

前款規定資格或者職務的喪失，由負責組織、管理有關選舉或者公職任免的機構宣佈。

第六節　效力範圍

第三十六條　任何人在香港特別行政區內實施本法規定的犯罪的，適用本法。犯罪的行為或者結果有一項發生在香港特別行政區內的，就認為是在香港特別行政區內犯罪。

在香港特別行政區註冊的船舶或者航空器內實施本法規定的犯罪的，也適用本法。

第三十七條　香港特別行政區永久性居民或者在香港特別行政區成立的公司、團體等法人或者非法人組織在香港特別行政區以外實施本法規定的犯罪的，適用本法。

第三十八條　不具有香港特別行政區永久性居民身份的人在香港特別行政區以外針對香港特別行政區實施本法規定的犯罪的，適用本法。

第三十九條　本法施行以後的行為，適用本法定罪處刑。

第四章　案件管轄、法律適用和程序

第四十條　香港特別行政區對本法規定的犯罪案件行使管轄權,但本法第五十五條規定的情形除外。

第四十一條　香港特別行政區管轄危害國家安全犯罪案件的立案偵查、檢控、審判和刑罰的執行等訴訟程序事宜,適用本法和香港特別行政區本地法律。

未經律政司長書面同意,任何人不得就危害國家安全犯罪案件提出檢控。但該規定不影響就有關犯罪依法逮捕犯罪嫌疑人並將其羈押,也不影響該等犯罪嫌疑人申請保釋。

香港特別行政區管轄的危害國家安全犯罪案件的審判循公訴程序進行。

審判應當公開進行。因為涉及國家秘密、公共秩序等情形不宜公開審理的,禁止新聞界和公眾旁聽全部或者一部分審理程序,但判決結果應當一律公開宣佈。

第四十二條　香港特別行政區執法、司法機關在適用香港特別行政區現行法律有關羈押、審理期限等方面的規定時，應當確保危害國家安全犯罪案件公正、及時辦理，有效防範、制止和懲治危害國家安全犯罪。

對犯罪嫌疑人、被告人，除非法官有充足理由相信其不會繼續實施危害國家安全行為的，不得准予保釋。

第四十三條　香港特別行政區政府警務處維護國家安全部門辦理危害國家安全犯罪案件時，可以採取香港特別行政區現行法律准予警方等執法部門在調查嚴重犯罪案件時採取的各種措施，並可以採取以下措施：

（一）搜查可能存有犯罪證據的處所、車輛、船隻、航空器以及其他有關地方和電子設備；

（二）要求涉嫌實施危害國家安全犯罪行為的人員交出旅行證件或者限制其離境；

（三）對用於或者意圖用於犯罪的財產、因犯罪所得的收益等與犯罪相關的財產，予以凍結，申請限制令、押記令、沒收令以及充公；

（四）要求信息發佈人或者有關服務商移除信息或者提供協助；

（五）要求外國及境外政治性組織，外國及境外當局或者政治性組織的代理人提供資料；

（六）經行政長官批准，對有合理理由懷疑涉及實施危害國家安全犯罪的人員進行截取通訊和秘密監察；

（七）對有合理理由懷疑擁有與偵查有關的資料或者管有有關物料的人員，要求其回答問題和提交資料或者物料。

香港特別行政區維護國家安全委員會對警務處維護國家安全部門等執法機構採取本條第一款規定措施負有監督責任。

授權香港特別行政區行政長官會同香港特別行政區維護國家安全委員會為採取本條第一款規定措施制定相關實施細則。

23

第四十四條　香港特別行政區行政長官應當從裁判官、區域法院法官、高等法院原訟法庭法官、上訴法庭法官以及終審法院法官中指定若干名法官，也可從暫委或者特委法官中指定若干名法官，負責處理危害國家安全犯罪案件。行政長官在指定法官前可徵詢香港特別行政區維護國家安全委員會和終審法院首席法官的意見。上述指定法官任期一年。

　　凡有危害國家安全言行的，不得被指定為審理危害國家安全犯罪案件的法官。在獲任指定法官期間，如有危害國家安全言行的，終止其指定法官資格。

　　在裁判法院、區域法院、高等法院和終審法院就危害國家安全犯罪案件提起的刑事檢控程序應當分別由各該法院的指定法官處理。

　　第四十五條　除本法另有規定外，裁判法院、區域法院、高等法院和終審法院應當按照香港特別行政區的其他法律處理就危害國家安全犯罪案件提起的刑事檢控程序。

　　第四十六條　對高等法院原訟法庭進行的就危害

國家安全犯罪案件提起的刑事檢控程序，律政司長可基於保護國家秘密、案件具有涉外因素或者保障陪審員及其家人的人身安全等理由，發出證書指示相關訴訟毋須在有陪審團的情況下進行審理。凡律政司長發出上述證書，高等法院原訟法庭應當在沒有陪審團的情況下進行審理，並由三名法官組成審判庭。

凡律政司長發出前款規定的證書，適用於相關訴訟的香港特別行政區任何法律條文關於"陪審團"或者"陪審團的裁決"，均應當理解為指法官或者法官作為事實裁斷者的職能。

第四十七條　香港特別行政區法院在審理案件中遇有涉及有關行為是否涉及國家安全或者有關證據材料是否涉及國家秘密的認定問題，應取得行政長官就該等問題發出的證明書，上述證明書對法院有約束力。

第五章　中央人民政府駐香港特別
行政區維護國家安全機構

　　第四十八條　中央人民政府在香港特別行政區設立維護國家安全公署。中央人民政府駐香港特別行政區維護國家安全公署依法履行維護國家安全職責，行使相關權力。

　　駐香港特別行政區維護國家安全公署人員由中央人民政府維護國家安全的有關機關聯合派出。

　　第四十九條　駐香港特別行政區維護國家安全公署的職責為：

　　（一）分析研判香港特別行政區維護國家安全形勢，就維護國家安全重大戰略和重要政策提出意見和建議；

　　（二）監督、指導、協調、支持香港特別行政區履行維護國家安全的職責；

（三）收集分析國家安全情報信息；

（四）依法辦理危害國家安全犯罪案件。

第五十條　駐香港特別行政區維護國家安全公署應當嚴格依法履行職責，依法接受監督，不得侵害任何個人和組織的合法權益。

駐香港特別行政區維護國家安全公署人員除須遵守全國性法律外，還應當遵守香港特別行政區法律。

駐香港特別行政區維護國家安全公署人員依法接受國家監察機關的監督。

第五十一條　駐香港特別行政區維護國家安全公署的經費由中央財政保障。

第五十二條　駐香港特別行政區維護國家安全公署應當加強與中央人民政府駐香港特別行政區聯絡辦公室、外交部駐香港特別行政區特派員公署、中國人民解放軍駐香港部隊的工作聯繫和工作協同。

第五十三條　駐香港特別行政區維護國家安全公署應當與香港特別行政區維護國家安全委員會建立協調機制，監督、指導香港特別行政區維護國家安全工作。

駐香港特別行政區維護國家安全公署的工作部門應當與香港特別行政區維護國家安全的有關機關建立協作機制，加強信息共享和行動配合。

第五十四條 駐香港特別行政區維護國家安全公署、外交部駐香港特別行政區特派員公署會同香港特別行政區政府採取必要措施，加強對外國和國際組織駐香港特別行政區機構、在香港特別行政區的外國和境外非政府組織和新聞機構的管理和服務。

第五十五條 有以下情形之一的，經香港特別行政區政府或者駐香港特別行政區維護國家安全公署提出，並報中央人民政府批准，由駐香港特別行政區維護國家安全公署對本法規定的危害國家安全犯罪案件行使管轄權：

（一）案件涉及外國或者境外勢力介入的複雜情況，香港特別行政區管轄確有困難的；

（二）出現香港特別行政區政府無法有效執行本法的嚴重情況的；

（三）出現國家安全面臨重大現實威脅的情況的。

第五十六條 根據本法第五十五條規定管轄有關危害國家安全犯罪案件時，由駐香港特別行政區維護國家安全公署負責立案偵查，最高人民檢察院指定有關檢察機關行使檢察權，最高人民法院指定有關法院行使審判權。

第五十七條 根據本法第五十五條規定管轄案件的立案偵查、審查起訴、審判和刑罰的執行等訴訟程序事宜，適用《中華人民共和國刑事訴訟法》等相關法律的規定。

根據本法第五十五條規定管轄案件時，本法第五十六條規定的執法、司法機關依法行使相關權力，其為決定採取強制措施、偵查措施和司法裁判而簽發的法律文書在香港特別行政區具有法律效力。對於駐香港特別行政區維護國家安全公署依法採取的措施，有關機構、組織和個人必須遵從。

第五十八條 根據本法第五十五條規定管轄案件時，犯罪嫌疑人自被駐香港特別行政區維護國家安全公署第一次訊問或者採取強制措施之日起，有權委託律師作為辯護人。辯護律師可以依法為犯罪嫌疑人、被告人提供法律幫助。

犯罪嫌疑人、被告人被合法拘捕後，享有儘早接受司法機關公正審判的權利。

第五十九條　根據本法第五十五條規定管轄案件時，任何人如果知道本法規定的危害國家安全犯罪案件情況，都有如實作證的義務。

第六十條　駐香港特別行政區維護國家安全公署及其人員依據本法執行職務的行為，不受香港特別行政區管轄。

持有駐香港特別行政區維護國家安全公署製發的證件或者證明文件的人員和車輛等在執行職務時不受香港特別行政區執法人員檢查、搜查和扣押。

駐香港特別行政區維護國家安全公署及其人員享有香港特別行政區法律規定的其他權利和豁免。

第六十一條　駐香港特別行政區維護國家安全公署依據本法規定履行職責時，香港特別行政區政府有關部門須提供必要的便利和配合，對妨礙有關執行職務的行為依法予以制止並追究責任。

第六章　附則

第六十二條　香港特別行政區本地法律規定與本法不一致的，適用本法規定。

第六十三條　辦理本法規定的危害國家安全犯罪案件的有關執法、司法機關及其人員或者辦理其他危害國家安全犯罪案件的香港特別行政區執法、司法機關及其人員，應當對辦案過程中知悉的國家秘密、商業秘密和個人隱私予以保密。

擔任辯護人或者訴訟代理人的律師應當保守在執業活動中知悉的國家秘密、商業秘密和個人隱私。

配合辦案的有關機構、組織和個人應當對案件有關情況予以保密。

第六十四條　香港特別行政區適用本法時，本法規定的"有期徒刑""無期徒刑""沒收財產"和"罰金"分別指"監禁""終身監禁""充公犯罪所得"和

"罰款"，"拘役"參照適用香港特別行政區相關法律規定的"監禁""入勞役中心""入教導所"，"管制"參照適用香港特別行政區相關法律規定的"社會服務令""入感化院"，"吊銷執照或者營業許可證"指香港特別行政區相關法律規定的"取消註冊或者註冊豁免，或者取消牌照"。

第六十五條 本法的解釋權屬於全國人民代表大會常務委員會。

第六十六條 本法自公佈之日起施行。